© 2010 Franziska Hötzel
Herstellung und Verlag:
Books on Demand GmbH, Norderstedt
ISBN: 9783839164884

...und plötzlich glaubte ich mir!

---

mein Weg aus den Kontrollzwängen

Franziska Hötzel

*für Peter,
der mir eine Tür geöffnet hat,
von der ich nicht einmal wusste,
dass es sie gibt…*

Inhaltsverzeichnis

Vorwort

Es hat 30 Jahre gedauert, bis ich erkannte, dass ich Zwänge habe. 30 Jahre lang habe ich nicht gewusst, warum ich scheinbar anders reagierte als andere, warum ich nicht so sorglos leben konnte, und warum mein Kontrollbedürfnis so beherrschend in meinem Leben war.

Heute bin ich 50. Mein Mann und meine Kinder haben nicht wenig darunter gelitten, wiewohl ich – wie alle Zwängler – meine Ängste gut zu verstecken wusste.

Vielleicht sind an uns allen gute Schauspieler verloren gegangen…

Ich richte mich mit diesem kleinen Buch an dich, liebe Zwänglerin, lieber Zwängler, weil ich weitergeben möchte, was ich erreicht habe. Ich habe erkannt, dass es geht!

Man kann die Kontrollzwänge beherrschen!

Ich sage bewusst: „beherrschen", vielleicht nicht „besiegen", denn eine gewisse Grundaffinität für Zwangshandlungen wird in uns bleiben.

Ich möchte mit meinen Gedanken, die ich hier aufschreibe, vor allem Mut machen, möchte den Weg, den ich gegangen bin, erklären und konkrete Übungen vorschlagen.

Es soll eine leicht zu lesende und bewusst nicht zu lange Lektüre werden, weil ich aus eigener Erfahrung weiß, dass man beim Lesen möglichst schnell handfeste Hilfen an der Hand haben möchte.

Ich möchte mit diesem kleinen Buch motivieren, anspornen und vielleicht auch ein bisschen unterhalten.
Ich erhebe keine wissenschaftlichen Ansprüche. Der Inhalt dieses Buches besteht aus Erfahrungen, ganz persönlichen, aber durchaus übertragbaren.

Mit einigen Bildern, die aus meinen Gefühlen heraus gewachsen sind und mit einigen persönlichen meditativen Gedanken, möchte ich in dein Herz hinein und möchte dir sagen: ich versteh dich!

Ich weiß, meine Geschichte ist *meine* Geschichte, und jeder, der das hier liest, hat seine eigene. Vieles wird uns an Erfahrungen und vom Lebensumfeld her unterscheiden. Aber wir haben *eines* gemeinsam: Wir haben eine Zwangskrankheit.
Sie ist nicht sichtbar – vielleicht ist gerade das das Fatale.

Ich möchte dich aber ermutigen:
DU KANNST ES SCHAFFEN!

1. Rückblick

Mein Leben verlief im Grunde ziemlich unspektakulär.
Ich hatte eine gute und liebevolle Kindheit, wuchs zusammen mit meiner Schwester auf in einem Elternhaus, das denen in den 60er Jahren typischen aufstrebenden Wohlstandsfamilien glich. Meine Schulkarriere war durchschnittlich bis gut. Wirklich kämpfen musste ich nicht. Mein anschließendes Studium schaffte ich im 2. Anlauf. Ich lernte einen lieben Mann kennen und bekam 2 Kinder.
So wollte ich es immer haben.
Es war ein Stückweit mein Lebenstraum, eine Familie zu gründen, für andere da zu sein, Geborgenheit zu erfahren und weiterzugeben.
Von alltäglichen Problemen mal abgesehen, ohne die man als Mensch wohl nicht durchs Leben kommt, verlief alles sehr normal.
Ich hatte allen Grund dankbar zu sein –
und war es auch…

…wenn da nicht diese undefinierbaren Gedanken und Ängste gewesen wären, diese quälenden Unsicherheiten, die mich an den verschiedensten Stellen meines Alltags immer wieder einholten, die unsinnigen Kontrollübungen, die ich niemandem erzählen konnte, die ich mir selber nicht wirklich zugestand, die mir aber mehr und mehr Sorgen bereiteten.
Ich fühlte mich manchmal wie von außen gelenkt.
Da war irgendetwas in meinem Kopf, das meine Vernunft immer wieder außer Kraft setzte –
wie ich heute weiß: Zwänge.

Da ich viele Jahre nicht wusste, was das ist, habe ich nie lange gekämpft. Natürlich habe ich immer dann, wenn ein neuer Kontrollzwang auftauchte, versucht, gegen ihn anzugehen, aber ich merkte sehr schnell, dass es keinen Sinn hatte. Ich konnte ihn nicht „packen", weil ich ihn nicht wirklich kannte, und das führte sehr schnell zur Resignation. Ich war eben so, das war eben mein Schicksal. „Wehren ist zwecklos", dachte ich. Das einzige, was ich versuchen konnte war, es möglichst vor anderen zu verbergen. Und das habe ich geschafft! Es war anstrengend, aber es ging.

Meine Zwänge wurden zu einem Teil meines Lebens. Mein großes Glück war, dass ich stark genug war, mich nicht vollends von ihnen erdrücken zu lassen. Ich führte trotz allem immer ein ziemlich normales Leben.

Heute, wo ich endlich weiß, was das ist, bin ich in der Lage, mit dem einen oder anderen mir vertrauten Menschen darüber zu sprechen, und von jedem höre ich: „Das hätte ich nie bei dir vermutet".

Ich sag's ja: Schauspielerfähigkeiten…

1.1. Kontrollzwänge im Zusammenhang mit Gedanken

1974 – als 15-jährige Schülerin saß ich vor einer Klassenarbeit, einem Aufsatz in Deutsch. Das Thema war nicht das Problem, mir fehlten nicht die Worte, im Gegenteil, ich hatte zu viele.

Immer wieder kamen mir Sätze in den Kopf, die ich gar nicht wollte: „Der Lehrer ist ein Arsch!", „Ich will ein Kind von dir.", „Stirb doch!"

Völlig widersinnige, voneinander unabhängige und sich widersprechende Sätze kreisten in meinem Gehirn, und ich wurde sie nicht los. All das, was sich da in meinem Kopf zusammen spann, waren Dinge, die ich nicht wollte, und die auch nicht stimmten, die aber zu einer höchst peinlichen Situation führen würden, sollte ich sie tatsächlich laut äußern oder in den Aufsatz versteckt hineinschreiben.

Genau das war mein Problem:

Ich hatte Angst, ja, ich hatte Panik, dass sich meine Hand verselbständigen würde, und ich hatte vielleicht genauso viel Angst vor mir selber, denn ich verstand nicht, was da in mir vorging.

Ich wusste nur eins:

Erzählen könnte ich das keinem!

Stattdessen saß ich da vor meinem Aufsatz, die Zeit im Nacken, denn ich wusste, ich würde länger brauchen als meine Klassenkameradinnen, alles noch einmal durchzulesen, nicht einmal, nicht zweimal, mindestens fünf Mal, und dann war ich mir immer noch nicht sicher. Hatte ich wirklich jeden Satz, jeden Buchstaben kontrolliert?

Hatte ich nichts übersehen? Oder hatte ich beim Durchlesen vielleicht wieder neue Sätze hineingeschrieben?

Im Grunde sah ich ja, dass ich nichts Unanständiges geschrieben hatte, aber ich glaubte mir nicht.

Die Arbeit dann abzugeben, war der Horror. Es war wie ein vernichtendes Urteil, denn eigentlich ging ich davon aus, dass etwas Schlimmes in meinem Aufsatz stand, etwas, das ich übersehen hatte. Der Lehrer würde mich zur Rede stellen, meine Eltern informieren, es gäbe Diskussionen, Psychologentermine, ich wäre abgestempelt als die „Verrückte". Vielleicht müsste ich die Schule verlassen.

Noch auf dem Nachhauseweg war die Angst da. Sie ebbte dann aber ab, wurde mehr und mehr in das Unterbewusstsein verdrängt und schließlich geriet sie in den Bereich der Bedeutungslosigkeit.

Ich hatte natürlich nichts von alledem geschrieben, was da während der Klassenarbeit in meinem Kopf vor sich ging.
Aber wer glaubt, diese Erfahrung hätte mir bei der nächsten vergleichbaren Situation geholfen, der irrt sich gewaltig.
Dieser Zwang war hartnäckig und siegte immer – immer wieder!

1.2. Kontrollzwänge im Zusammenhang mit Autofahren

Ich wurde 18 – endlich einen Führerschein!
Ein Auto stand mir auch zur Verfügung. War das eine Freiheit!
Nach anfänglichen ängstlichen Versuchen wurde ich immer sicherer und ein großes Selbstbewusstsein stellte sich ein.
Allerdings war das nicht von langer Dauer. Da gab es „jemanden", „etwas" oder was weiß ich, wie man das bezeichnen sollte, was mir die Freude an der neu gewonnen Freiheit gehörig verdarb: Der Zwang!
Ich fuhr eine durchaus gewohnte Strecke, hatte keine schrägen Gedanken im Kopf, als sich plötzlich die Angst einstellte: Was, wenn ich jetzt ein Kind umgefahren habe, ohne es zu merken? Natürlich sagte mir mein Verstand, dass das nicht sein kann, ich hätte es selbstverständlich gemerkt, so was kann man nicht übersehen.
Aber alle klugen Sprüche der Vernunft halfen nichts, da war etwas stärker als jede Vernunft. Es half nichts, ich musste zurückfahren und nachsehen. Es wäre wohl ein Menschenauflauf an der Stelle, an der ich es vermutete.
Ich fuhr zurück und war innerlich wie gespalten.
Eigentlich hielt meine Vernunft es ja für unmöglich, dass ich so etwas gemacht hatte, und eigentlich glaubte ich ja auch meiner Vernunft. Aber irgendein Rest von Unsicherheit blieb.
Als ich an die Stelle zurück kam und sah, dass der Verkehr in normalen Bahnen weiterrollte, kein Kind,

kein Krankenwagen, kein Menschenauflauf zu sehen war, war ich beruhigt.

Schnell stellte sich heraus, dass mein Zwang ein neues Schlupfloch entdeckt hat, mit dem er mich ärgern konnte, denn aus dem einmaligen Zurückfahren wurde eine Kette von Kreisfahrten. Es reichte nicht mehr, nur einmal nachzusehen.
Vielleicht hatte ich ja nur nicht gut genug geguckt.
Mein Zwang wurde immer erfinderischer.

**Ich sah, dass nichts passiert war,
aber ich glaubte mir nicht.**

Nach kurzer Zeit war jede Unebenheit auf der Straße für mich ein Grund, an die Stelle zurückzufahren, an guten Tagen einmal, an schlechten bis zu fünf Mal – bei den heutigen Benzinpreisen eine finanzielle Katastrophe, vor allem aber eine Katastrophe für mein Selbstbewusstsein.

Was war das, was mich da so unsicher machte?
Ich war eine äußerst vorsichtige Fahrerin, ich hätte darüber hinaus niemals einem Menschen schaden können.
Was war das, was mir da einzureden versuchte, ich sei „gefährlich", ich würde Dinge tun, die andere gefährden, und ich könne mir selber nicht trauen?

Nie war etwas passiert!
Seit 32 Jahren habe ich nun den Führerschein, und nie ist irgendeine Befürchtung, die mein Zwang mir einzureden versuchte, wahr geworden.

16

1.3. Kontrollzwänge im Zusammenhang mit der Angst vor Feuer

1.3.1. Lichtschalter

Der erste Kontrollzwang, an den ich mich erinnere, liegt 40 Jahre zurück. Ich war 10 und teilte mir mit meiner Schwester ein Zimmer.

Wenn es darum ging, das Licht auszumachen, den Schalter von „an" auf „aus" zu drücken, befand ich mich in einem inneren Stress.

Ohne in dem kindlichen Alter zu verstehen, was da in mir vorging, musste ich den Schalter *ganz bewusst* aus machen, ich musste sicher sein, dass er eingeklickt war, ich musste das Geräusch hören und sehen, dass ich den Kippschalter in die andere Position gesetzt habe. Das konnte ich aber nur in der Form bewältigen, dass ich mein Nachthemd um meinen Finger drehte und damit das Licht ausmachte. Die Angst, meine Hände könnten vom Waschen noch feucht sein, und ich würde einen Stromschlag bekommen, war zu groß.

Natürlich habe ich das als zehnjähriges Kind nicht erfunden, sicher wird mir irgendwer erzählt haben, das Wasser und Strom keine Freunde sind. Zu solchen übertriebenen Übungen sollte diese Warnung aber sicher nicht führen.

Schon damals war es irgendwie so:

Ich sah, dass der Schalter aus war, aber ich glaubte mir nicht.

Ich wurde älter, aber das Problem nicht geringer. Je mehr Verantwortung ich im Leben für andere übernahm, umso hartnäckiger wurden die Kontrollbedürfnisse. Lichtschalter schienen über ihre Funktion der Stromzufuhr hinaus die Bestimmung zu haben, mich zu irritieren und Bilder von folgenschweren Katastrophen in meinen Kopf zu zaubern. Eine angelassene Lampe über Nacht hatte für mich nicht nur eine höhere Stromrechnung zur Folge, sie verursachte selbstverständlich auch einen vernichtenden Brand, in dem meine unschuldig schlafenden Kinder entweder selber zu Schaden kamen oder ihre Eltern verloren.

Ich versuchte in Gedanken die Sachen zu finden, die ich neben meiner Familie noch retten würde, und mir kamen vor allem so herzzerreißende Dinge wie die Schmusetiere meiner Kinder in den Sinn.

Meine Phantasie war da grenzenlos und leider auch gnadenlos.

Am Schlimmsten war es vor Antritt eines Urlaubs. Ich saß auf der Treppe, weit weg von irgendwelchen Lichtschaltern und gab meinem Mann Anweisungen, wo er wie nachzusehen hatte. Alle Schalter und Steckdosen hatte ich wie ein Photo vor meinem geistigen Auge, alle Räume ging ich in Gedanken durch und überließ die Kontrolle meinem Mann. Dass er das mitmachte, hatte ich wohl nur der Tatsache zu verdanken, dass er unseren Urlaub irgendwann mal antreten wollte. Hätte er mir die Sache überlassen, hätten wir Stunden gebraucht, das Haus hinter uns zuzuschließen.

Ich bin ihm bis heute sehr dankbar für seine grenzenlose Geduld…

18

1.3.2. Herd

Der Herd – ein klassisches Betätigungsfeld des Zwangs, hat selbstverständlich auch mich nicht verschont!
Schon zu Jugendzeiten waren die Schalter des Herdes das größte Hindernis, das Haus zu verlassen.
Interessanterweise gab es in diesem Zusammenhang Höhen und Tiefen. Es gab Zeiten, in denen es mir sehr leicht fiel, das Ausgeschaltet-sein des Herdes wahrzunehmen und mich darauf zu verlassen.
Aber in immer kleineren Abständen wurde das für mich mehr und mehr zu einem großen Problem. Ich stand davor und sah mir die 6 Knöpfe an, die alle mit der 0 nach oben deutlich im Aus-Zustand waren.
Ich weiß noch: der Backofenschalter hatte keine 0 sondern einen Punkt. Ich sagte laut zu mir selber: „0, 0, 0, 0, Punkt, 0". Auch meinem Mann hatte ich dieses Ritual beigebracht, und ich war froh, wenn er diese schwere Aufgabe des Kontrollierens für mich übernahm.

Das Problem war:
Ich sah, dass der Herd aus war, aber ich glaubte mir nicht.

Warum ich trotz gesunder Augen keine innere Sicherheit erlangte, verstand ich nicht und das machte mich von Mal zu Mal unsicherer. Die Tatsache, dass ich meinen eigenen Sinnen nicht traute, verunsicherte mich mehr und mehr. Im Grunde waren die vielen Jahre der ständigen Kontrolle wie ein Sog, der mich immer tiefer in diese Unsicherheit zog, die ich einfach nicht verstand, an die ich mich aber leider so sehr gewöhnte, dass ich sie zu einem Teil meines Lebens machte, das ich nicht mehr hinterfragte.

Stattdessen weitete sich die Kontrolle auf andere Wohnungen aus. Sobald ich – bei wem auch immer – eine Küche verließ, fiel mein Blick auf den Herd, und ich versuchte, in Windeseile (es durfte ja niemand merken) Sicherheit über die Stellung der Herdknöpfe zu erhalten. Diese Sicherheit stellte sich natürlich nie ein, aber ohne Kontrolle ging es auch nicht.

Auch die Tatsache, dass ich mir versuchte einzureden, dass ich keine Verantwortung für fremde Küchen habe, half mir nicht weiter.

Da war etwas stärker als ich, sinnlos, sich dagegen zu wehren…

1.1.3. Kerzen

Ich kann mich kaum an eine Zeit in meinem Leben erinnern, in der Kerzen nicht ein Problem waren. Ich mag sie, aber der Preis für das bisschen Gemütlichkeit, das sie ausstrahlen, war für mich immer sehr hoch.

Es hat Zeiten gegeben, in denen ich alle Kerzen im Haus verbannte. Ich mied Streichhölzer und Feuerzeuge und konnte sie nicht in meiner Reichweite liegen sehen. Ein für anderen Menschen so harmloses Nebeneinander von Kerze und Feuerzeug motivierte meinen Zwang, aktiv zu werden. Er verstand es großartig, mir vorzuspielen, dass all das, was mir meine Vernunft sagte, Fiktion war. Er versuchte mir klar zu machen, dass das, was ich sah, falsch war, dass die Kerze eben nicht aus war, sondern dass das nahe liegende Feuerzeug längst seinen Dienst getan hatte.

In solchen Momenten starrte ich den Docht an, sah, dass er aus war, aber mein Verstand war nicht in der Lage, mir eine positive Bestätigung zu geben. Je mehr ich mich bemühte, desto tiefer zog mich der Zwang in diese Ungewissheit. Ein bisschen war es so wie ein Krampf, der sich erst nach und nach löste. Kein Wunder, dass ich an meinem Verstand zweifelte! Es machte mir Angst, aber ich war allein damit…

Wenn bei Geburtstagen oder ähnlichen Feiern Kerzen auf dem Tisch unabänderlich waren, war ich so lange ruhig, wie sie brannten. Das Problem war nicht die Flamme, sondern das Ausmachen.

Ein ganz normales Auspusten war für mich nahezu unmöglich. Viel zu groß war die Angst vor Funken, die in meiner Phantasie auch noch Stunden später zu einem Feuer führen konnten.

Keine rationale Erklärung half. Der Zwang war stärker, der mir mit Erfolg einzureden versuchte, dass die Flammen der Kerzen nachhaltige Katastrophen auslösen konnten. So drückte ich in der Regel den brennenden Docht mit einem feuerfesten Gegenstand – Schere, Schlüssel, Nagel, o.ä. – in das flüssige Wachs.

Die Kerze war aus. Mein Verstand sagte es mir, meine Augen sahen es. Ich berührte den kalten Docht mit meinen Fingern und leckte in Extremzeiten sogar mit meiner Zunge daran.

Alle meine Sinne wussten:
Die Kerze ist aus, aber ich glaubte mir nicht.

Die Adventzeit war die stärkste Herausforderung: Vier Kerzen auf einmal auf einem extrem leicht entflammbaren Untergrund!!!

Letztlich nahm ich den Adventkranz mit an mein Bett. Nur so konnte ich sicher sein, dass ich in der Nacht nicht verbrannte…

Um diesen letzten Punkt, **den Kontrollzwängen im Zusammenhang mit der Angst vor Feuer**, geht es in meinen folgenden Ausführungen.

Ich kann sagen, dass ich in diesem Bereich so sicher geworden bin, dass ich mich in den Kontrollen, die diese Probleme betreffen, als „normal" bezeichne, so normal wie man als Zwängler werden kann.

Alle anderen Zwänge, die bei mir auch über die Kontrollzwänge hinausgehen, haben durch das schon Erreichte darüber hinaus profitiert.

Und so fing alles an…

2. Beginn einer neuen Freiheit

Alles fing an mit einem Zufall, einer Begegnung, einem Moment des Mutes, letztlich mit einem Aufbruch…

Es war Samstagabend. Ich war in einem Gottesdienst – für mich nahezu eine Selbstverständlichkeit, weil ich gläubig bin und der Kirchbesuch für mich zum Wochenende dazugehört.
Hierbei bin ich nicht unkritisch. Nicht immer bin ich zufrieden mit den Texten, Riten und Liedern. Vieles ist mir zu alt, auch heute noch, zu verschroben und zu eingefahren.
Ich gehöre zu den Menschen, die versucht haben, in den 70er Jahren die kirchliche Welt auf den Kopf zu stellen, und es auch in einem nicht unbeträchtlichen Maße erreicht haben, die heute noch verändern wollen, sich mit eingeben und sicher auch das eine oder andere schaffen.

An diesem Abend brauchte ich nichts zu verändern. Für mich war es stimmig. Die Texte waren auf ein Thema hin vorbereitet, die Atmosphäre war warm und geborgen, die Gemeinde wurde aktiv am Geschehen beteiligt und es spielte eine Band. Die Lieder gingen mir zu Herzen. Sie trafen mich an diesem Abend ganz persönlich an einem Punkt, an dem ich alleine nicht mehr weiter kam:

Eine Freundin brauchte meine Hilfe, und ich wusste nicht mehr, wie ich ihr helfen konnte. Die ganze Messe über beschäftigte mich dieses Problem.

Vielleicht getragen von der Wärme des Gottesdienstes, vielleicht aus dem Gefühl heraus, wenigstens irgendetwas für meine Freundin tun zu müssen, sprach ich hinterher den Pfarrer an.

Er war neu in unserer Gemeinde. Ich kannte ihn noch nicht wirklich.

Aber bei den wenigen Gelegenheiten, bei denen wir uns bislang begegnet waren, hatte ich ein sehr positives Gefühl. An diesem Abend hat er Vertrauen in mir geweckt…

Ich erzählte ihm von meiner Freundin und bat ihn, für sie zu beten. Er schenkte mir Zeit und Aufmerksamkeit, bot seine Hilfe an und sagte:

„Wenn was ist, rufen Sie mich an, ich bin da."

Ich erinnere mich an diesen Satz noch ganz genau, er war nicht wirklich etwas Besonders, denn eigentlich geht man davon aus, dass ein Priester Bereitschaft zur Hilfe signalisiert.

Vielleicht war ich an diesem Abend einfach zu sensibel, vielleicht war ich Gott sei Dank an diesem Abend einfach zu sensibel, denn dieser Satz, dieses Angebot: „Ich bin da.", hat mir Mut gemacht, mich einige Tage später bei ihm zu melden und um ein längeres Gespräch zu bitten.

Damit fing alles an…

Das Problem meiner Freundin war mittlerweile gelöst.

Meine Probleme wurden der Mittelpunkt unserer Gespräche.

Und: der Zufall – oder wer auch immer – wollte es, dass ausgerechnet *der* Mensch, dem ich mich anvertraute, aus seinem eigenen Umfeld wusste, was Zwangserkrankungen sind.

„Sie wissen, was das ist, was Sie mir da schildern? – Das sind Zwänge."…

„Das sind Zwänge."...

Ich fiel wie aus allen Wolken!
Was sollte das sein? Eine Zwangserkrankung?
Eine Erkrankung? Ich war krank?
Ich hatte – Zwänge?
War das der Grund für mein seltsames Benehmen,
was ich bei keinem anderen Menschen bislang
entdeckt hatte?
Gab es tatsächlich eine Erklärung für mein Tun?
Ich war nicht „verrückt"? (Insgeheim hatte ich davor
natürlich immer Angst.)
Und mehr noch:
Man konnte angeblich etwas dagegen tun!
Man konnte frei werden von dieser Last!
Es gab einen Weg in eine neue Freiheit!

Eigentlich konnte ich es mir nicht wirklich vorstel-
len, denn ich kannte mein Leben seit über
30 Jahren nicht anders. Aber ich wollte es glauben,
ich wollte einfach! Noch hatte ich keine Ahnung, wie
das gehen sollte, aber ich wusste, ich wollte diesen
Weg gehen.
Wir – unser neuer Pfarrer und ich – verabredeten uns
von jetzt an regelmäßig.
Ich erzählte viel. Es war nicht einfach. Denn manches tat weh. Wer gibt schon gerne zu, solche seltsamen Übungen zu machen, die scheinbar niemand
anderes auf der Welt macht?
Manch schwierige Frage stellte er mir.
Und es stellte sich heraus, dass vieles von dem, was
ich tat, eine Ursache hatte. Ich fasste mehr und mehr
Vertrauen, auch das war nicht leicht, denn Zwängler
haben es schwer mit Vertrauen.

28

2.1. Vertrauen lernen

Die ersten Begegnungen mit Peter – wie ich ihn von hier an in meinen Aufzeichnungen nenne – die ersten Gespräche waren vorsichtig, ich war gehemmt und ein bisschen scheu. Selbstverständlich war es nicht einfach, tiefe Gedanken einem bis dahin relativ fremden Menschen zu erzählen.

- Ich musste für mich testen, wie ehrlich ich sein konnte und musste spüren, was diese Ehrlichkeit mit mir machte.
- Konnte ich mir selber und auch Peter danach noch unbekümmert in die Augen sehen?
- Reichte mein Vertrauen, um über meinen Schatten zu springen und mich, was die Zwänge angeht, wirklich zu outen?
- Wie erlebte ich die Gesprächsatmosphäre?
- Fühlte ich mich hinterher befreit oder eher beklemmend?
- Wie würde Peter reagieren auf meine seltsamen Angewohnheiten?
- Würde ich mich einlassen auf ein Suchen nach der Ursache, auch auf die Gefahr hin, dass alte, vielleicht längst verschüttete Ängste, wieder hochkämen?
- Würde er mich seelisch auffangen können, wenn es mir zu viel wird?

Fragen über Fragen, deren Antworten ich nicht kannte. Mir wurde klar, dass ich einen Vorschuss an Vertrauen geben musste.

Ich wagte es…

und die Gespräche mit Peter wurden für mich sehr wichtig. Neben dem wöchentlichen relativ kurzen Kontrollieren der Ergebnisse, die ich an späterer Stelle genauer beschreiben werde, trafen wir uns in der Regel einmal im Monat zu einem längeren Gespräch.

Da wir von Mal zu Mal die neuen Termine ausmachten, hatte ich genügend Zeit, mich jeweils auf das kommende Treffen vorzubereiten. Ich hatte genügend Zeit nachzudenken, in meinen Erinnerungen zu kramen, die ganzen Gedanken genauer unter die Lupe zu nehmen, mir haargenau zu überlegen, wie ich was sagen wollte. Aber ich hatte auch genügend Zeit, jedes Mal neu nervös zu werden.

Ich war froh über diese Gesprächsmöglichkeit, aber es war weiß Gott nicht einfach, wirklich ehrlich zu sein. Schon mir selber gegenüber war Ehrlichkeit nicht einfach. Hatte ich nicht die ganzen Jahre gut gelebt? Klar, da waren die lästigen Zwänge, aber niemand wusste davon, und jetzt? Jetzt decke ich so manches auf, spreche manches aus, was doch so gar nicht zu mir passt! Ich wollte doch immer cool rüberkommen, jetzt mache ich mich schwach.

Jeder neue Termin war eine Herausforderung. Alles, was ich mir vornahm zu sagen, schrieb ich mir zuvor zu Hause in Stenographie auf, von dem ich wusste, dass es außer mir in meiner Familie niemand lesen konnte.

Es dauerte Monate, bis ich offener und lockerer wurde. Aber ich lernte mehr und mehr zu vertrauen, mich in einer sicheren und geborgenen Atmosphäre fallen lassen zu können und zu reden. Ich spürte, dass zwischen Peter und mir „die Chemie stimmte", eine Grundvoraussetzung für ein psychologisches Gespräch.

Nach und nach erarbeiteten wir gemeinsam so manchen Hintergrund und so manche Ursache für meine jahrzehntelangen Zwänge.

Alles, was mir zu unangenehm war und ich nicht aussprechen wollte, schrieb ich auf und gab es Peter zu lesen. Das war erstaunlicher weise einfacher. „Es gibt nichts, was du mir nicht sagen darfst", sagte er immer wieder und mein Mut wuchs – langsam, aber er wuchs. Ich spürte, wie gut es tat, Gedanken auszusprechen, sie mit jemandem zu teilen, sie ein Stück weit abzugeben.

Ich las viel zum Thema Zwänge und gab Peter die Informationen, die mir wichtig schienen, ebenfalls zu lesen. Mit der Zeit kristallisierte sich heraus, was auf mich zutraf und was mich nicht beschäftigen musste. Jedes neue Buch war für mich eine neue Erfahrung mit neuen Erkenntnissen und mit neuen Fragen. Es war fast ein Stück spannend, sich auf dieses „Abenteuer Psyche" einzulassen.

Wir erarbeiteten erste kleine Übungen, um zu sehen, wie sich mein Verhalten trainieren bzw. abtrainieren lässt.

Ich bin Peter sehr dankbar, dass er sich die Zeit nahm, sich mit diesem doch etwas berufsfremden Thema zu beschäftigen. Das Studium der Pastoralpsychologie kam ihm dabei sicher zugute.

Mit der Zeit nahm ich Peter als eine Art Therapeut an, wissend und akzeptierend, dass seine zeitliche und fachliche Fähigkeit begrenzt ist, aber auch wissend, dass ich hier einen Menschen gefunden hatte, dem ich lernte, ganz tief zu vertrauen. Sicher kam mir sein Beruf als Priester zunächst zugute, denn da war mir die Schweigepflicht sicher. Wichtig in einem „sich-fallen-lassen" in einer Therapie ist aber ein menschliches Vertrauen, das sich, wenn man Glück hat, einstellt. Dieses Vertrauen geht über die berufliche Schweigepflicht hinaus. Man muss es spüren, vielleicht ist es ein Geschenk, das einem ein ganzes Stück Freiheit gibt und den Mut, die teils skurrilen Gedanken, die in den Köpfen eines Zwänglers kreisen, auszusprechen.

Ich möchte an dieser Stelle allerdings auch darauf hinweisen, dass Peter, wissend um seine fachlichen Grenzen, mich davon überzeugte, parallel zu einen Psychologen zu gehen. Das allerdings war für ihn eine schwere Aufgabe, denn es gab eines, was ich nie im Leben wollte: zu einem Psychologen gehen! Ich war doch nicht „verrückt", *ich* doch nicht! Ich würde doch alles Selbstbewusstsein aufgeben, wenn ich mich darauf einließe! In welche „Ecke würde ich da gesteckt"? Ich wehrte mich lange. Es war alles schon schwer genug!

… Vielleicht war es das gewonnene Vertrauen, vielleicht war es die Hilfe, die Peter mir gab, vielleicht war es auch meine Erkenntnis, dass ich jetzt keinen Schritt mehr zurück wollte… ich machte einen Termin bei einem Psychologen.

2.2. Der Gang zum Psychologen

Allein das Telefonat, in dem ich um einen Termin bat, war eine nervliche Herausforderung. Ich weiß nicht, was alles in meinem Kopf herumschwirrte, aber ich war wirklich erstaunt, dass mich am anderen Ende der Leitung eine freundliche Frauenstimme begrüßte und scheinbar gar nichts Besonderes darin fand, dass ich zu ihnen kommen wollte. Natürlich war mir klar, dass sie das hundert Mal am Tag machte, und dass das ihr Job war, aber ich war ich, und ICH rief gerade in einer psychologischen Praxis an!!! Ich bekam einen Termin in 3 Monaten. Gut, ich hatte noch Zeit, mich an den Gedanken zu gewöhnen, 3 Monate würden lange dauern…

Weit gefehlt, viel zu schnell war der Tag da. Kurz vorher traf ich mich noch einmal mit Peter, um mir den letzten Mut geben zu lassen. Ich wusste immer noch nicht, ob ich nicht kurz vor der Haustür des Arztes kehrt machen würde.

Und dann sah ich mich tatsächlich im Wartezimmer sitzen. Es war freundlich gestaltet. Viele Menschen saßen da. Hatten so viele Leute Probleme? Ich sah sie mir der Reihe nach an. Sahen so Menschen aus, die psychisch krank waren? Welche Sorgen sie wohl alle hatten? Man sah ihnen nichts an. Na ja, eine Frau sah sehr nervös aus, ich konnte sie gut verstehen…

Die halbe Stunde, die ich da saß, die nun wirklich nicht zu viel war, kam mir wie eine Ewigkeit vor. In meiner Tasche hatte ich einen Zettel, auf dem ich alles notiert hatte, was ich sagen wollte – in Stenographie natürlich – aber ob ich überhaupt etwas Gescheites von mir geben könnte, wusste ich nicht.

Ich war an der Reihe.

Ich musterte den Mann, der mir gegenüber saß und der meine Probleme „studiert" hat. Er schien unkompliziert, ein Stück natürlich, trank seinen Kaffee, und ich wurde ein bisschen ruhiger, ein bisschen.

Und dann legte ich los. Auf seine Frage: „Was kann ich für sie tun?", hörte ich mich reden.

Es ging! Ich erzählte von meiner Erkenntnis, dass ich wohl seit über 30 Jahren an Zwängen leide und es nie wusste. Ich erzählte von meinen endlosen Kontrollen und den Ängsten vor Feuer.

Es ging! Er hörte zu und notierte sich einige Stichpunkte. Der Anfang war gemacht.

Wir verabredeten uns noch einige Male, um herauszufinden, ob auch bei uns „die Chemie stimmte".

Ich hatte es geschafft! ICH war bei einem Psychologen gewesen... und lebte noch! Ich blieb „normal", es stand nicht auf meiner Stirn, dass ich da war. Niemand sah mich auf der Straße anschließend seltsam an. Es hatte tatsächlich nichts Gefährliches.

Die nächsten Male wurden einfacher. Ich wurde fast ein bisschen stolz auf mich. Warum sollte ich nicht für meine Psyche das gleiche tun dürfen wie für meine Organe, wenn sie mal krank sind. Niemand verurteilt dich, wenn du wegen einer Mandelentzündung zum Arzt gehst. Es gehört nun mal – leider – zu uns Menschen, dass wir auch schon mal krank werden, warum nicht auch die Seele?

Das hatte mir Peter bei einem unserer ersten Gespräche bereits gesagt:

„Eine psychische Krankheit ist nicht anders zu bewerten als eine körperliche". Ich begann zu begreifen…

Nach den ersten 6 Sitzungen verabredete ich mich mit dem Psychologen zunächst nicht mehr. Wir beantragten erst mal keine Therapie, weil wir übereinkamen, dass die Gespräche und die konkreten Übungen, die ich mit Peter machte, erst mal reichten. Solange ich mich dabei wohl fühlte und ich kleine Fortschritte erreichen konnte, war es ein guter Weg. Er verschrieb mir ein unterstützendes Medikament, und immer dann, wenn die Packung leer war und ich mir ein neues Rezept holen musste, ging ich in seine Vormittagssprechstunde, und berichtete von meinen neuen Ergebnissen.

Ich hatte Glück, es war eine ideale Kombination!

aber irgendwann: geh!

*Vielleicht gibt es nur
eine Handvoll Begegnungen im Leben,
die zu echtem, tiefen Vertrauen führen können...
... dann ergreif sie!*

*Vielleicht musst du diese Begegnungen
lange suchen...
... dann tu es!*

*Vielleicht werden sie dir auch
hin und wieder geschenkt ...
... dann nimm sie an!*

*Vielleicht gehst du an manchen achtlos vorbei...
... dann verzweifele nicht, sondern lern daraus!*

*Vielleicht bist du gerade dabei,
ein solches Vertrauen aufzubauen ...
... dann halt es fest!*

*Selbstverständlich ist Vertrauen
eine der riskantesten menschlichen Beziehungen.
Selbstverständlich kann Vertrauen
bitter enttäuscht werden.
Selbstverständlich darfst du Vertrauen
nie leichtfertig schenken.*

*Aber allzu viel Vorsicht, zu große Skepsis
und zu ängstliches Misstrauen
lässt dich vielleicht an einer großen Chance
und einer großen Hilfe
in deinem Leben vorbeigehen.*

Darum
prüfe den anderen,
solange du es brauchst,
erlaube dir das Misstrauen,
solange es dir hilft,
geh zwei Schritte vor und einen zurück,
solange, bis du dir sicher bist,
stelle alle Fragen,
solange du sie hast,
lass das Vertrauen wachsen,
solange, bis für dich die Zeit reif ist,

hol dir all die Sicherheiten, die du brauchst …

… aber irgendwann: geh!

3. Meine konkreten Übungen

Von den Erfolgen, von den Rückschritten, von den Übungen und Kontrollen möchte ich auf den nächsten Seiten berichten.

Ich möchte versuchen, manches von dem, was ich geübt habe, hier aufzuschreiben. Ich möchte euch allen die Möglichkeit geben, das herauszupicken, was für euch wichtig ist.
Ob das wissenschaftlich fundiert ist oder nicht, ob das den modernen Methoden der Verhaltenstherapie entspricht oder nicht, ist für mich vordergründig an dieser Stelle einmal nicht entscheidend. Ich weiß nur, dass es MICH weitergebracht hat, und diese Erfahrung möchte ich nicht für mich behalten.
Ich habe einiges über Zwänge gelesen. Manche Bücher haben mir sehr geholfen, andere haben Denkanstöße geliefert, wieder andere waren speziell für mich nicht so ansprechend.
Ich weiß von daher, dass es keine allgemeingültige „Medizin" gegen Zwangshandlungen gibt.
Ich bin so froh, aus diesem Teufelskreis heraus zu sein, dass ich meine Erfahrungen einfach weitergeben *muss* und ermutigen will.

Wichtig für mich waren und sind bei der Behandlung meiner Zwänge vor allem drei Punkte:

das Protokollieren,
das Kontrollieren-Lassen und
der Austausch mit Gleichgesinnten.

3.1. Das Protokollieren

Mit Peter zusammen erarbeitete ich eine bestimmte Übung – auf den kommenden Seiten konkret aufgeführt – die uns machbar erschien, aber dennoch eine kleine Herausforderung darstellte. Wir fingen ganz bewusst vorsichtig an, denn eine allzu schnelle Entmutigung könnte die ganze Sache gefährden. *Konfrontationsübungen* – das hatten wir beide in einigen Büchern gelesen – waren unabdingbar, aber sie sollten auch Erfolgserlebnisse bringen, sie sollten möglichst motivieren.

Ich machte mir eine Liste, für jede Woche und jeden Tag. Mit Punkten von 10 bis 100 habe ich darin bewertet, wie schwer es mir gefallen ist, die Übung durchzuführen. In eine Spalte daneben habe ich Kommentare geschrieben, die den Erfolg oder den Misserfolg des Tages zu erklärten versuchten.
Eine Zehn gab ich mir, wenn ich mit mir absolut zufrieden war. Erst dann versuchte ich den nächsten Schritt.
Manchmal dauerte es Wochen bis ein Teilschritt „erledigt" war, bis mein Kopf endlich soweit war, dass ich mir mehr zutrauen konnte. Diverse Male stand in der Tabelle eine „100", nämlich dann, wenn ich es eben nicht gepackt hatte, meinen Plan durchzusetzen.
Manchmal war das entmutigend, und ich brauchte Zuspruch und Mut machende Worte von Peter.
Mich hinzusetzen und eine Tabelle am PC zu erstellen war für mich ein sehr wichtiger Schritt. Ich habe allerdings auch eine Vorliebe für optische Darstellungen, ich mag das Visualisieren von Dingen,

die mich herausfordern. Es tat mir allein schon deshalb gut, weil ich dadurch scheinbar ein Stück *über* meinem Zwang stand. „Es ging ihm an den Kragen", denn er wurde nicht mehr ungefragt hingenommen. Er musste sich rechtfertigen – was ihm leider nicht sehr schwer fiel – aber immerhin wurde endlich seine selbstbewusste Arroganz angefragt. Ich hatte im wahrsten Sinne des Wortes etwas „gegen ihn in der Hand": die Tabelle, schwarz auf weiß. Es gab etwas, an das ich mich festhalten konnte.

3.2. Die Kontrolle

In der Regel einmal in der Woche, später alle 14 Tage, traf ich mich mit Peter, um die Liste durchzusehen und sie mit ihm zu besprechen. Wir überlegten, woran es lag, dass es an manchen Tagen nicht geklappt hat, und ich bekam häufig Lob für meinen Mut, die Dinge anzugehen. Mit Lob darf man nicht geizen bei der Verhaltenstherapie, das wurde mir schnell klar. Da wird man wie ein Kind, das positive Motivation braucht, um die Aufgaben im Leben zu packen. Durch das Kontrollieren eines anderen bekam ich auch die notwendige innere Verpflichtung, das Ganze durchzuziehen. Denn derjenige, der schon einmal selber versucht hat, alleine Übungen gegen Zwänge zu machen, wird erfahren haben, wie schnell man für sich selber aufgibt und sich – sorry – „bescheißt".

3.3. Der Austausch mit anderen Zwangskranken.

Durch die Suche nach geeigneten Internetseiten stieß ich auf die „DGZ", die „Deutsche Gesellschaft Zwangserkrankungen e.V".
Zunächst versuchte ich zögernd, ein paar vorsichtige Fragen in dem entsprechenden Forum zu stellen. Diese Art der Konversation war neu für mich und es machte mir ein bisschen Angst. Die Anonymität, die ich dort aber wahren konnte, half mir, immer mutiger zu werden. Das Wichtigste war, dass ich spürte: Ich bin nicht allein mit diesen quälenden Gedanken. Es gibt so viel mehr Menschen, die mit genau den gleichen oder zumindest ähnlichen Problemen fertig werden müssen. Ich fühlte mich einfach geborgen in einer Welt, in der ich verstanden wurde und in der ich verstehe.

Bis heute besuche ich regelmäßig das Forum und auch den Chat der DGZ. Man „kennt" sich mittlerweile und immer wieder kommen neue virtuelle Gesichter hinzu.
Ich bin hier nach wie vor sehr vorsichtig. Nur ganz wenige wissen meinen wirklichen Namen und meinen Wohnort. Mit einer einzigen jungen Frau treffe ich mich mittlerweile hin und wieder, ansonsten bleibe ich anonym, wie fast alle in diesem Chat.

Ich empfinde es fast so wie eine Art Selbsthilfegruppe. Neben durchaus auch alltäglichen Gesprächen kommt es immer wieder vor, dass man mit Hilfe der Gruppe eine Kontrolle nicht durchführen muss, weil man Mut machende Worte und Unterstützung von Menschen bekommt, die wirklich verstehen, was in einem vorgeht.

3.4. Die Übungen

In meinen nun folgenden Darstellungen will ich mich, wie oben bereits erwähnt, auf die Kontrollzwänge beschränken, die mit meiner Angst vor Feuer zu tun haben.

Ich weiß, dass viele Zwangskranke gerade mit diesem Thema große Schwierigkeiten haben. Die Kontrollen richten sich meist auf Gegenstände, die in unserer Phantasie zu Brandkatastrophen führen können.

Zudem habe ich gemerkt, dass durch das Be-„zwingen" dieser Zwänge eine Reihe anderer panischer Handlungen nachgelassen haben.

Ich habe den Eindruck, dass die Kontrollzwänge, die sich auf die Angst vor Feuer berufen, bei mir eine Art „Einstiegszwänge" waren. Aber genauso habe ich für mich erkannt, dass die Behandlung dieser Zwänge auch eine Art „Einstiegstherapie" sein kann, die sehr positive Nachwirkungen hat.

Nicht erst seit den Gesprächen mit Peter weiß ich, dass ich eine ausgeprägte Angst vor Feuer habe. Schon als kleines Kind hat mich Feuer verängstigt und niemals fasziniert.

Ich erinnere mich an einen Traum, in dem es in der Nachbarschaft brannte und an ein Haus, das in meiner Stadt jahrelang verkohlt da stand und mich ebenso jahrelang zwang, diese Straße nicht mehr zu betreten.

Da war die Angst vor dem Ölkeller in unsrem Haus, weil sich in dem darin befindlichen Tank für mich das „Ungeheuer Feuer" schlechthin befand.

Als Jugendliche spätestens war ich peinlichst genau darauf bedacht, in den Räumen, in denen ich mich aufhielt, möglichst nah am Notausgang zu sein. Ich sah und sehe Zimmereinrichtungen immer auf die Brandgefährlichkeit hin.

Lampen, die nachts brennen, bedeuten für mich zwangsläufig das Ausrücken der Feuerwehr, und kaputte Glühbirnen sind für mich unerträglich, weil ich dann keine Kontrolle darüber habe, ob die Lampe an oder aus ist.

Kerzen haben für mich nicht nur eine atmosphärische Qualität, sondern ein hohes gefährliches Potential an Vernichtungskraft.

Elektrische Geräte dürfen – mit Ausnahme des Kühlschankes – nicht dauerhaft laufen. Stecker werden von mir grundsätzlich gezogen.

Die größte mir vorstellbare Angst hätte ich in diesem Bereich, wenn ich in ein verbranntes Haus gehen müsste. Der Sprung durch ein zirzensisches Feuerrad könnte nicht schlimmer sein.

Das sind nur einige Beispiele für eine ständig anwesende und mich beherrschende Angst vor diesem Element.

Ich weiß um diese Angst, und ich bin mir sicher, dass sie einen großen Anteil an meinen Zwängen hat, aber diese Erkenntnis hat mir leider nie geholfen. Die Ängste sind immer noch da.

Aber ich konnte an den Folgen dieser Angst arbeiten: an den Kontrollzwängen.

Dabei habe ich einen beachtlichen Erfolg erzielt.

Ich kann sagen:

Der Herd ist nicht mehr mein Feind!

Kerzen haben ihre Aggressivität verloren.

Lichtschalter kann ich bezwingen.

3.4.1. Kontrollzwang am Elektroherd
- der „Klassiker"

Was den Herd anging, so konnte ich ihn ja nicht verändern. Er war, wie er war, und ich musste wohl oder übel lernen, dass das, was meine Augen da sahen, auch der Wirklichkeit entsprach. Ich versuchte es mit unterschiedlichen Schwierigkeitsgraden. Eine Woche lang erlaubte ich mir, den Herd vor dem Hinausgehen zehn Mal zu kontrollieren. Das ging erstaunlich gut, weil zehn Mal für mich schon relativ viel war. Je nachdem, wie viel man kontrolliert, muss man die Schwelle vielleicht höher ansetzen.

Es war für mich sehr wichtig, dass ich mich am Anfang nicht überforderte. Die kleinen Erfolgserlebnisse waren es, die mich motiviert haben, weiterzumachen und die meinem Gehirn auch die nötige Zeit gegeben haben, sich umzustellen.

Nach einer Woche hab ich das Kontrollieren dann auf fünf Mal reduziert. Auch hier muss man selber merken, wie schnell man vorgehen kann. Vielleicht ist es für den einen oder anderen besser, langsamer daran zu arbeiten. Vielleicht dauert es viele Wochen, bis man nur noch einmal hinsehen muss. Die Geduld lohnt sich!

Auf den folgenden Seiten sind meine Erfahrungen mit diesen ersten Übungen, meine Bewertungen und persönlichen Kommentare aufgeführt:

Hauptsymptom:
Kontrollzwang aus Feuerangst

Fernziel: *„normales" Verhalten am Herd*
Übungsziel: *den Herd beim Hinausgehen*
*genau **10 Mal** kontrollieren*

TAG	Bewertung	Bemerkungen
MO	*80*	*Nach dem Weggehen war es schwer, ich hätte das 11. Mal gebraucht, aber geschafft.*
DI	*70*	*Ich wurde ab dem 6. Mal immer nervöser, aber hab es ausgehalten.*
MI	*45*	*Heute ging es erstaunlich gut, wollte schon nach dem 9. Mal aufhören, hatte dann aber doch Bedenken.*
DO	*100*	*Als ich schon ½ km gefahren war, musste ich umkehren, die Angst war zu groß.*
FR	*85*	*Fast wäre es wieder so wie gestern gewesen!*
SA	*65*	*Etwas besser ging es. Vielleicht lag es daran, dass ich wusste, dass ich heute nicht lange weg sein werde.*
SO	*40*	*Unser sonntäglicher Spaziergang würde nicht lange dauern. Die Erfahrung von Gestern zeigt, dass es geht, wenn die Zeit der Abwesenheit nicht zu lange ist.*

*Tabelle in Anlehnung an: Lee Baer: „Alles unter Kontrolle",
Bern 2001, S. 292ff*

Zwei Wochen später - die Werte waren am Ende
der Woche gegen 10.

Hauptsymptom:

Kontrollzwang aus Feuerangst

Fernziel: *„ normales " Verhalten am Herd*

Übungsziel: *den Herd beim Hinausgehen*
*genau **9 Mal** kontrollieren*

TAG	Bewertung	Bemerkungen
MO	*100*	*Nur einmal weniger, und wieder so eine Angst, warum nur???*
DI	*95*	*Ich hab so gelitten, den ganzen Morgen, aber ich hab es durchgezogen!*
MI	*50*	*Heute ging es erstaunlich gut, wollte schon nach dem 8. Mal aufhören, aber traute mich nicht*
DO	*45*	*Es war noch ein bisschen leichter als gestern.*
FR	*25*	*Es war Wahnsinn! Heute hatte ich kaum Angst, den Herd „loszulassen"*
SA	*15*	*Heute war es fast lästig, 9 Mal auszuhalten, aber ich zieh das die Woche lang durch.*
SO	*10*	*Hoffentlich bleibt es so und wird nächste Woche unter erschwerten Bedingungen nicht wieder schlimmer.*

47

Nach wiederum 3 Wochen wagte ich den Sprung
zu **5 Mal.**

Hauptsymptom:

Kontrollzwang aus Feuerangst

Fernziel: *„normales" Verhalten am Herd*

Übungsziel: *den Herd beim Hinausgehen
genau **5 Mal** kontrollieren*

TAG	Bewertung	Bemerkungen
MO	*100*	*Wusste ich es doch! Jetzt trau ich mir wieder nicht, konnte nach dem 5. Mal nicht aufhören.*
DI	*70*	*Es ging, aber es war schlimm. Ich hatte so Angst, dass das Haus abbrennt...*
MI	*30*	*Cool, wie kann das? Heute war es so viel leichter! Ich freu mich total, auch wenn ich es nicht begreife.*
DO	*65*	*Zu früh gefreut! Es war so schwer, sich vom Herd „loszureißen", aber ich hab es gepackt.*
FR	*20*	*Es war so, als würde mein Kopf darauf warten, jetzt funktionieren zu müssen, und es ging!!!*
SA	*10*	*Wenn das so weiter geht, schaff ich es tatsächlich!*
SO	*10*	*Heute war es fast langweilig* ☺

So ging es weiter, viele Wochen, denn es wurde von nun an immer schwerer. Waren für mich 5 Mal nachsehen noch einigermaßen komfortabel, so wurde es jetzt doch von Woche zu Woche „gefährlicher". Und immer dann, wenn ich mein Ziel nicht erreicht hatte, also einmal mehr als vorgesehen nachgeschaut hatte, schrieb ich mir in die Rubrik „Bewertungen" eine 100. Mit einer Woche, in der es eine 100 gab, war ich nicht wirklich zufrieden. Also verlängerte sich das Ganze.

Ich muss der Ehrlichkeit halber sagen, dass ich zu Beginn schon ungeduldig war. Und so ganz war ich mir auch nicht sicher, ob das alles helfen würde. Schon zu lange hatte ich mich damit abgefunden, dass für mich Herde nun mal ein Problem darstellten. Eigentlich hatte ich mir auch schon eine vernünftige Begründung für mein Verhalten zurechtgelegt: ich zählte mich sozusagen zu den wenigen verantwortungsbewussten Menschen in der Welt, die eben mehrmals diesen „überaus gefährlichen" Gegenstand im Haus kontrollierten. Wir Zwängler sind erfinderisch, um Ausreden nie verlegen und äußerst intelligent, wenn es darum geht, Verhalten zu rechtfertigen...

Aber ich *wollte* diesen neuen Schritt gehen, ich wollte und Peter motivierte mich, und das hat mich immer weiter machen lassen.

Und: die Mühe und die Geduld haben sich letzlich gelohnt:

Der Herd war der erste zwangsbezogene Gegenstand, den ich bezwungen habe.

Plötzlich glaubte ich mir!

Es war etwas in meinem Kopf geschehen, das ich erst viel später verstanden habe. Noch glaubte ich, es sei ein reiner Gewöhnungseffekt, dass ich nun nicht mehr mit den Augen am Herd „klebte". Mir war es eigentlich auch egal, warum es auf einmal ging. Ich genoss es, fühlte mich stark und motiviert, nun auch andere Dinge anzugehen.

3.4.2. Kontrollzwang Kerzen

Ich ging mein nächstes großes Problem an:
Die Kerzen.
Schon lange hatte ich keine Kerzen mehr im Haus.
Ich tat mir den Stress einfach nicht mehr an. Und sollte es sich mal nicht vermeiden lassen, weil Besuch kam, und auf einem schön gedeckten Tisch Kerzen einfach fehlten, habe ich sie später unter Wasser gesetzt und häufig auch noch mit ans Bett genommen, weil ich nur dann in Ruhe einschlafen konnte. Außer meiner Familie merkte natürlich niemand etwas davon, und die hatte es längst aufgegeben, mich zu bekehren.

Sie akzeptierten schließlich, dass der Adventkranz – eine der größten Herausforderungen in der stressigsten Zeit im Jahr – mindestens 2 Stunden, bevor alles ins Bett ging, ausgemacht wurde. Und immer wieder fand man ihn dann morgens neben meinem Bett wieder. Auch dafür habe ich aufgehört, mich zu rechtfertigen. Ich war so – Punkt!

...bis ich anfing, daran zu arbeiten. Es schien mir schwerer zu werden, als die Übung mit dem Herd, weil es hier um sichtbar offenes Feuer ging, um – zumindest was den Adventkranz angeht – eine reale Gefahr.
Aber bis zum Advent dauerte es noch.
Wieder überlegte ich mit Peter, wie die ersten, erträglichen Schritte hin zur Normalität aussehen könnten.

Zunächst einmal musste ich Kerzen im Haus ertragen lernen, und zwar Kerzen, die zumindest potentiell angemacht werden könnten. Das heißt, es muss sich eine Streichholzschachtel oder ein Feuerzeug in der Nähe befinden.

Peter schlug vor, auf einer feuerfesten Unterlage eine Kerze dauerhaft hinzustellen und Streichhölzer daneben zu legen. Diese erste Übung war im Grunde eine ganz passive. Ich musste nichts tun, nur die Streichhölzer neben der Kerze aushalten, Tag und Nacht. Die Nacht würde dabei sicher am kritischsten, denn die Kerze mit ans Bett nehmen, ging jetzt nicht mehr!

Da ich die größte Angst hatte, wenn ich das Haus verlassen musste, sollte ich dann in einem weiteren Schritt einmal am Tag für eine viertel Stunde hinausgehen und die Streichhölzer liegen lassen. Sollte ich darüber hinaus länger das Haus verlassen, durfte ich sie wieder verstecken.

Ich hatte große Bedenken, dass ich das packen würde, weil ich mir vorher schon ausmalte, wie ich mir nicht sicher sein würde, ob ich die Kerze nicht doch kurz bevor ich das Haus verlassen habe angemacht hatte. Das Streichholz daneben war bedrohlich, und mein Zwang ließ keine Phantasie aus, wie meine Hände es unbemerkt meines Bewusstseins schaffen könnten, die Kerze zu entzünden. Dass eine brennende Kerze eine Viertelstunde lang keinen Schaden anrichten kann, war natürlich für meinen Kopf kein Argument.

Zur damaligen Zeit hätte ich es nie gewagt, über diese „Verrücktheiten" mit anderen Menschen, den so genannten „Normalos" zu reden, außer mit Peter – Gott sei Dank. Jeder, der Kontrollzwänge hat weiß, wie unsinnig diese Gedanken einem selber vorkommen, wie sehr man sich schämt, so etwas zu sagen, und wie sehr man an seiner eigenen Normalität zweifelt. Da will einem dieses Ungeheuer im Kopf weismachen, dass man Dinge tut, ohne es zu wollen, dass man unkontrolliert handelt und dass hinterher die Erinnerung gelöscht ist.

In eine „ganz bestimmte Ecke" steckt man sich da selber in diesen Momenten und das macht Angst, große Angst, zumal der Rest der Welt ja normal zu sein scheint.

Auf den folgenden Seiten werdet ihr sehen, wie unterschiedlich schwer oder leicht die Übungen für mich waren. Bei manchem war ich sehr erstaunt, und habe mir da im Vorfeld viel zu wenig zugetraut. Dann kam aber auch ganz bald der Punkt, wo es schwer wurde, verdammt schwer!

An den unterschiedlichen Übungszielen werdet ihr im Folgenden erkennen, welche Schritte ich gegangen bin, was gut klappte, und was eine Herausforderung für den Zwang darstellte. In der Regel gingen die jeweiligen Übungen über mehrere Wochen, solange bis das Ergebnis zufrieden stellend war.

Hauptsymptom:

Kontrollzwang aus Feuerangst

Fernziel: *„normaler" Umgang mit Kerzen*

Übungsziel: *Tag und Nacht eine Kerze im Haus haben mit Streichhölzern daneben. Kerze nicht mit ans Bett nehmen.*

TAG	Bewertung	Bemerkungen
MO	60	*Tagsüber ging es, aber abends wurde es schwer. Hab es aber geschafft.*
DI	35	*Abends war es wieder kritisch, aber nicht so schlimm wie gestern.*
MI	20	*Die Beschäftigung mit der Kerze macht sie ein Stück ungefährlicher – seltsam!*
DO	20	*Eigentlich wundert es mich.*
FR	100	*Musste abends noch mal runter und nachsehen. So ein Mist, ich dachte, es wäre besser.*
SA	60	*Gott sei Dank ging es heute wieder, aber es kostete doch Nerven.*
SO	35	*Es ging leichter, aber es ist noch nicht normal genug.*

Es war ein Auf- und Ab. Es ging viele Wochen so weiter. Aber irgendwann stellte sich so etwas wie Gewohnheit ein, Gewohnheit und positive Erfahrung. Ich hatte nun schon viele Wochen erlebt, dass es eben nicht zu der Katastrophe kam, die sich mein Kopf immer ungefragt ausmalte.

Interessant ist dabei: Auch früher ist ja nie etwas passiert, wenn ich es mir ausgemalt hatte. Aber da half mir diese positive Erfahrung nicht. Jetzt, wo ich aktiv etwas gegen die Zwänge tat, wurden diese Erfahrungen zu einem „Medikament".

Als dieses passive Aushalten der Kerze mit Werten von 20 und 10 Alltag wurde, wagte ich mich an das Feuerzeug.

Dies stellte für mich eine weit größere Herausforderung dar, weil es leichter und schneller geht, ein Feuerzeug anzumachen, als ein Streichholz an der Schachtel zu entzünden.

Ob das logisch ist oder nicht, danach fragt der Zwang nicht.

Hauptsymptom:

Kontrollzwang aus Feuerangst

Fernziel: *„normaler" Umgang mit Kerzen*

Übungsziel: *einmal am Tag für 15 min das Haus verlassen und ein Feuerzeug neben einer Kerze liegen lassen*

TAG	Bewertung	Bemerkungen
MO	70	*Ich war so unruhig. Es ging, aber die ganze Zeit dachte ich über das Feuerzeug nach.*
DI	50	*Heute war es schon leichter. Ich prägte mir das Bild des schwarzen kalten Dochtes ein.*
MI	10	*Ich versteh es nicht! Ich habe keine Angst, die viertel Stunde war gar kein Problem.*
DO	10	*Wie gestern, wie toll!!!*
FR	10	*Ich kann es! Warum habe ich immer an mir gezweifelt?*
SA	30	*Na ja, hab was hastig das Haus verlassen, vielleicht nicht so genau geguckt, aber bin zuversichtlich.*
SO	10	*Es geht!!!*

Das war so eine Übung, die mich erstaunt hat. Ich hätte vorher immer behauptet, dass ich es nicht kann, dass ich vor Angst keinen Schritt aus dem Haus gehen, geschweige denn, eine Viertel Stunde wegbleiben kann. Ich musste es „einfach" nur tun. Der Sprung von der Angst zur Selbstverständlichkeit war enorm einfach – eine tolle Erfahrung!

Natürlich wollte ich jetzt weitermachen. Noch eine Woche zogen wir die letzte Übung durch, dann konnte ich versuchen, die Kerze vor dem Hinausgehen in der Tat für ein paar Minuten anzumachen.

Hauptsymptom:

Kontrollzwang aus Feuerangst

Fernziel: *„normaler" Umgang mit Kerzen*

Übungsziel: *einmal am Tag die Kerze anmachen, bald wieder ausmachen und dann 15 min das Haus verlassen.*

TAG	Bewertung	Bemerkungen
MO	90	*Der Horror! Ich kann mir einfach nicht glauben, dass die Kerze aus ist, obwohl ich die 15 Min ausgehalten habe, aber wenn das so weitergeht, klappt das nicht.*
DI	80	*Leicht ist anders, gut dass es nur 15 min sind!*
MI	40	*Was war das? Heute ging es besser, aber nervös bin ich trotzdem.*
DO	65	*Ich bin so ungeduldig, warum geht das nicht schneller?*
FR	100	*Tagsüber ging es, aber: habe die Kerze nachts umgedreht, damit sie nicht brennen kann, nur weil ich sie tagsüber kurz an hatte.*
SA	50	*Das Ding macht mich wahnsinnig!*
SO	40	*Ob das irgendwann einmal normal wird?*

Es ging über Monate immer so weiter. Wenn es einigermaßen zufrieden stellend klappte, wurden die Übungen erschwert. Die nächsten Schritte waren:

- Die Zeit, in der ich das Haus verlassen konnte, wissend, dass da eine Kerze, die eben noch gebrannt hat, auf dem Tisch steht, wurde verlängert.
- Ich machte die Kerze abends an, somit erhöhte sich für mich die Gefahr wegen der bevorstehenden Nacht.
- Ich stellte mehrere Kerzen im Haus auf.
- Ich stellte eine Kerze in ein Gesteck, dass die potentielle Feuergefahr erhöhte.

Der Advent kam: Hochsaison für meinen Kontrollzwang.

- In der ersten Woche machte ich die Kerze eine Stunde, bevor ich zu Bett ging, aus
- In den folgenden Wochen wurde die Zeit verkürzt.

Selbstverständlich ging nicht alles nach Plan. Viele Rückschläge gab es, aber auch ganz viele Erfolge, und die waren es, die mich weiter trieben.
Erste Erfolge waren schnell da. Es kam mir vor wie beim Abnehmen. Die ersten Pfunde purzeln schnell, aber dann…

Nun gibt es in meinem Leben nun mal nicht nur die von *mir* bereitgestellten Kerzen, und nicht nur *meinen* Adventkranz. Immer wieder begegnete ich Situationen, wo mir Kerzen Sorgen bereiteten, vor allem dann, wenn ich sie in unmittelbarer Nähe von mir lieben Menschen sah.

Aber ich habe ihre Macht bezwungen, die sie über mich hatten. Ich werde mit ihnen fertig. Ich stehe über ihnen.

Heute kann ich sagen, dass eine Kerze, die aus ist, auch wirklich aus ist, denn:

Plötzlich glaubte ich mir!

Auch hier glaubte ich an den Gewöhnungseffekt, wirklich erklären konnte ich mir dieses kleine Wunder in meinem Kopf immer noch nicht.

Es hat nahezu vier Jahre gedauert – das ist lang, ja, aber es soll nicht entmutigen, denn in den 4 Jahren gab es so viele Teilerfolge, die mich stark und stolz machten, die mir zeigten, dass es sich lohnt, weiterzumachen.

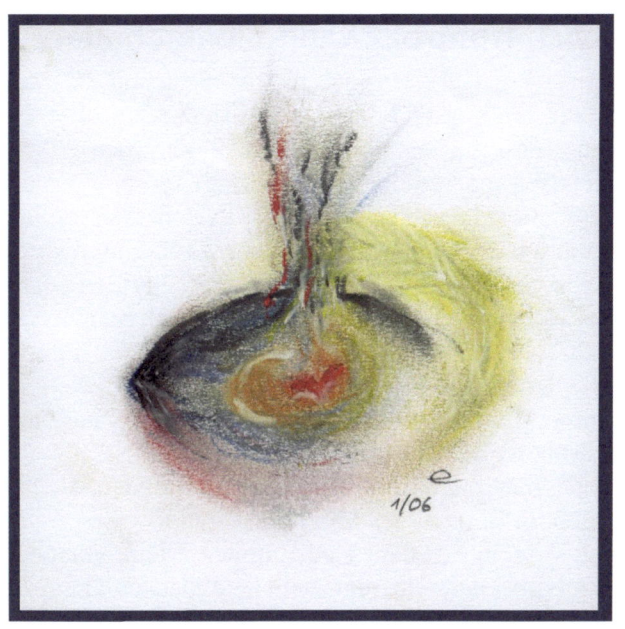

3.4.3. Kontrollzwang Lichtschalter

In diesem Kapitel komme ich zu dem Kontrollproblem, das mir erstaunlicherweise am meisten zu schaffen machte und – um ehrlich zu sein – auch immer wieder neu bewältigt werden muss. Verstehen kann ich es eigentlich nicht, denn zu Beginn meiner Arbeit an den Zwängen hatte ich den Eindruck, dass der Herd und die Kerzen die allergrößten Schwierigkeiten darstellten – weit gefehlt!

Das Kontrollieren von Lichtschaltern hatte sich so unmerklich in mein Leben eingeschlichen, dass ich es schon gar nicht mehr wahrnahm.

Auch hier galt es nun, eine Übung zu finden, die für mich im Bereich des Möglichen stand.

Ich fing an mit dem Badezimmer. Mein Verstand sagte mir, dass eine angeschaltete Deckenlampe zu keinem Feuer führen könnte, da sie sich nicht in der Nähe von brennbaren Gegenständen befand. Kacheln und Betondecken können nicht brennen.

Aber natürlich half mir da mein Wissen gar nicht. Mein Problem war, dass ich nachts – der Lichtkontrolle wegen – die Türen aller Zimmer offen ließ, nur eben die des Badezimmers nicht, weil das meine Familie nicht wollte. Und genau das war eine wunderbare Möglichkeit für meinen Zwang, sich in diesem Raum gemütlich einzurichten. Ich kontrollierte jeden Abend mehrmals, ob das Licht aus war und konnte mich nur schwer lösen.

Dies sollte meine erste Übung werden.

Hauptsymptom:
Kontrollzwang aus Feuerangst

Fernziel: *„normaler" Umgang mit Lichtschaltern*
Übungsziel: *Das Licht im Badezimmer ausmachen und nicht
     mehr kontrollieren*

TAG	Bewertung	Bemerkungen
MO	*100*	*Das schaff ich nie! Ich kann so nicht einschlafen!*
DI	*100*	*Na ja, zumindest habe ich es geschafft, eine halbe Stunde im Bett auszuhalten.*
MI	*95*	*Ich hab es geschafft, nach 3 Stunden bin ich dann wohl doch eingeschlafen, wenn das so weiter geht, krieg ich nicht genug Schlaf – und jeden Abend Angst!*
DO	*80*	*Irgendwie war ich heute ein bisschen ruhiger, aber es ist immer noch schlimm, und ich kann mir nicht vorstellen, dass ich das mal ohne Probleme schaffe.*
FR	*75*	*Sollte ich es echt packen?*
SA	*100*	*War wohl nichts, aber heute hatte ich so viel Stress, es war klar, dass ich da heute Abend nicht genug Kraft hätte.*
SO	*60*	*Als ob ich es dem Zwang zeigen wollte, hab ich es heute geschafft, einigermaßen gut einzuschlafen.*

Na, das konnte ja heiter werden! Ein bisschen leichter hätte ich es mir ja doch vorgestellt. Vielleicht war das als erste Übung zu schwer. Aber ich merke eins: Dadurch, dass ich überhaupt etwas tue, bekommt mein Zwang das „leichte Zittern". Er ist nicht mehr Alleinherrscher in meinem Kopf!
Gut so!

2 Monate später – ja, so lange gab es Rückschläge. Vielleicht habe ich mir wirklich zu viel zugemutet. Vielleicht hätte ich mit „1 Mal kontrollieren" anfangen müssen, wie bei dem Herd damals, aber irgendwie wollte ich meinen Kopf durchsetzen. ICH wollte bestimmen und nicht mein Zwang – ziemlich naiv! Aber auch diese Methode klappte, wenn auch mit einem etwas längeren zeitlichen Aufwand.

Hauptsymptom:

Kontrollzwang aus Feuerangst

Fernziel: *„normaler" Umgang mit Lichtschaltern*

Übungsziel: *Das Licht im Badezimmer ausmachen und nicht mehr kontrollieren*

TAG	Bewertung	Bemerkungen
MO	30	*Mist! Warum war es heute nicht so leicht wie gestern?*
DI	10	*Na also, ich will nicht mehr zurückfallen.*
MI	25	*Naja, so ganz leicht war es nicht, aber ich weiß doch, dass es geht, es muss wieder eine dauerhafte 10 her.*
DO	15	*fast zufrieden*
FR	10	*Ja!!!*
SA	10	*Wieder gut!*
SO	10	*So kann es bleiben!*

Es war geschafft! Nach 2 Monaten war das Licht im Badezimmer bezwungen. Ich weiß, dass ich mich jetzt nicht auf der „faulen Haut" ausruhen darf, ich muss weiter ganz bewusst und konsequent die Sache durchziehen. Aber ich kann es! Das motiviert. Wie schnell ich auf den Boden der Tatsache zurückfand, zeigen allerdings die folgenden Seiten.

Exkurs: Misslungene Übung

Die Übungen wurden nach und nach leichter und mein Zwang nach und nach erfinderischer. Sein Überlebenswillen war ungebrochen und er spürte, dass er sich etwas einfallen lassen musste, was er natürlich auch tat.

Als das Badezimmer kein Problem mehr für mich war, und als ich sogar schon in der Lage war, die Türen der einzelnen Zimmer im Haus nachts zu zulassen, dann musste ein neuer Zwang her:
Alles fokussierte sich von nun an auf ein Gerät, das mein Mann in seinem Arbeitszimmer hatte: ein selbstgebauter Leuchttisch, den er für seine Arbeit brauchte. Dieses Gerät schien mir unbezwingbar zu sein und entpuppte sich als die größte Herausforderung, die ich mit meinen Zwängen je erlebt habe.
Wenn ich aus dem Zimmer ging oder mehr noch das Haus verließ, war ich nicht in der Lage zu sagen, ob die Lampe in dem hölzernen Teil aus war oder nicht. Ich sah mich

vor dem Aschehaufen meines Hauses stehen, wenn ich beispielsweise vom Einkauf zurückkam. Es dauerte jedes Mal etwa 10 Minuten, bis ich mich endlich traute zu gehen, voller Angst und mit klopfendem Herzen.

Peter half mir bei der Übung und machte mit. Gemeinsam mit ihm machte ich diesen Leuchttisch an, und unter seiner Aufsicht wieder aus. Gemeinsam verließen wir dann den Raum… und ich brach zusammen. Niemand, der nicht selber unter Zwängen leidet, würde das verstehen. Ich hatte einen Zeugen für das Ausgeschaltet sein des Gerätes, einen Zeugen, dem ich vertraute, und doch war ich mir so unsicher. Ich wollte zurück, wollte noch einmal nachsehen. Peter versuchte, mich davon zu überzeugen, dass ich das nicht tun darf, dass ich jetzt hart bleiben muss. Ich weinte und fühlte mich vollkommen hilflos. Meine Angst stieg ins Unermessliche. Mein Verstand setzte völlig aus und der Zwang hatte mich vollkommen im Griff. Für Peter war es schwer, ich tat ihm leid, aber seine Aufgabe konnte nicht sein, nachzugeben. Ich habe mich dann nach einiger Zeit damit einverstanden erklärt, in der kommenden Stunde nicht mehr zu kontrollieren. Es war die Hölle.

Dieser ganze Raum wurde für mich zur Katastrophe. Immer und immer wieder übten wir daran, und während alle anderen Übungen immer besser wurden und mir doch genügend Selbstbewusstsein geben müssten, wurde diese Kontrolle zu einem Unterfangen. Es führte dazu, dass ich das Arbeitszimmer meines Manns nicht mehr betrat. Ich hatte keine Kraft, sah keinen Erfolg und glaubte nicht mehr an mich.

Ich gebe zu, an diesem Gerät haben wir kapituliert. Mein Mann nahm es mit in seine Firma, es war aus meinem Gesichtsfeld verschwunden. Ich konnte wieder frei sein…

Dieses Beispiel habe ich ganz bewusst in mein Buch aufgenommen. Es ist zwar auf dem ersten Blick entmutigend, aber das trügt.
Ich weiß heute, dass ich zur damaligen Zeit noch nicht so weit war, mich dagegen zu wehren.
Warum sich mein Zwang gerade darauf konzentriert hatte, weiß ich nicht.
Schade finde ich, dass ich heute – nachdem ich so viel erreicht habe und mich so viel stärker fühle – daran nicht mehr üben kann, denn diesen Leuchttisch gibt es nicht mehr.
Ich vermute aber, dass ich ihn heute bezwingen könnte, denn ich weiß, dass man lernen kann, sich selber zu glauben.

Exkurs: Ende

Froh bin ich heute, dass mich diese missglückte Übung nicht aus der Bahn geworfen hat. Ich machte weiter mit meinen Versuchen, den Kontrollzwang zu besiegen. Ziel war es, sämtliche Schalter und Geräte bewusst auszumachen und nicht noch einmal zu kontrollieren.

Das Bezwingen *eines* Schalters, war nicht gleichzeitig die Lösung aller Schalterprobleme. Auch das musste ich mühsam lernen. Zu jedem Schalter hatte mein Zwang sich eine andere Gefahr ausgedacht. Somit hatte er ein gepflegtes Polster, mich lange genug in Schach zu halten.

Es gab so vieles, was mir in meinem Alltag begegnete:

Da war der Schalter der Nachttischlampe, der schon deshalb ein Problem war, weil die Lampe ja – völlig selbstständig natürlich – umfallen könnte, und das Bett in Brand setzen könnte.

Da war der Lichtschalter im Wohnzimmer, der eine Lampe an einer Holzdecke bediente. Auch wenn sie kein offenes Feuer darstellte, konnte sie in meiner Phantasie dennoch die Decke in Brand setzen.

Da war der PC im Büro, der – sollte ich ihn nachmittags nicht richtig ausgemacht haben, neben dem Stapel von Papier zu einem Großbrand führen könnte.

Da war der Föhn, der sich für mich glaubhaft in der Aus-Stellung befinden musste, weil seine Hitze sonst eine Katastrophe hervorrufen würde. Natürlich – sagte mir mein Verstand – würde ich hören, wenn der Föhn an ist, aber mein Gehirn hatte eben nicht das letzte Wort.

Da war Schalter der Leuchte im Wohnzimmer-schrank. Hier zog ich am liebsten direkt den Stecker heraus.

Da war der Lichtschalter der Garage. Sie war natürlich immer verschlossen, d. h. ich konnte nicht sehen, ob das Licht brannte oder nicht – nebenbei hätte ich mir eh nicht geglaubt.

All das musste einzeln gelernt, oder besser „ver"-lernt werden.

Ich muss wohl zu meinem Erstaunen sagen, dass sich manches von selber erledigte, allein durch die Tatsache, dass ich dem Zwang seine Alleinherrschaft nahm.

Jeder Zwängler weiß: Vernunft und Realität werden bei Zwängen so ziemlich außer Kraft gesetzt. Ich musste lernen, mir zu glauben, musste verstehen und vertrauen, dass das, was ich sah, auch Wirklichkeit war.

Es hörte sich so einfach an und es war so schwer, aber: ES GING!

Nur wusste ich zu dem Zeitpunkt noch immer nicht genau, *warum* es ging. Für mich waren die erreichten Dinge positive Ergebnisse des Trainings,

Ergebnisse der vielen Übungen. Das war sicher auch richtig, und dennoch war da noch etwas anderes, was ich im kommenden Kapitel beschreiben möchte.

4. Der Durchbruch

Auch hier ging es um einen Lichtschalter.

Auf dem Speicher meiner Arbeitsstelle ist eine kleine Bibliothek, die ich hin und wieder benutzte. Auch dieser Raum gehörte für mich zu den „gefährlichen", weil ich Angst hatte, dass bei angeschaltetem Licht in einem Zimmer, das aus Holzbalken und Holzfußboden bestand und mit einer Unmenge an Papier gefüllt war, ein Feuer ausbrechen könnte und ich dann Schuld an dem „Untergang einer Firma" hätte. Die Angst war enorm groß. Peter schlug vor, auf den Lichtschalter mit einem Filsstift Punkte zu machen, die man nur sieht, wenn er sich im ausgeschalteten Zustand befindet. Anfangs half mir das ein wenig, aber nach und nach schlich sich wieder die Skepsis ein. Ich „klebte" jedes Mal an diesem Schalter und musste ihn immer wieder an- und ausmachen, immer darauf bedacht, dass mich niemand beobachtete.

In meinem Gehirn war etwas fast physisch spürbar: **Mein Auge sah definitiv das Richtige, aber der Weg vom Auge zu der Stelle im Gehirn, die sagte: „Alles OK", diesen Weg gab es für mich nicht, diese Verbindung war in diesem Fall wieder einmal nicht gegeben.**

Ich übte mindestens ein Jahr, und auf einmal geschah es:

**Ich machte – wie schon gefühlte 1000 Mal –
die beiden Lichtschalter aus,
die ich mir extra so markiert hatte,
dass 2 schwarze Punkte
zum Vorschein kamen,
wenn sie umgeklappt waren.
Ich versuchte mich –
wie schon gefühlte 1000 Mal –
von den Schaltern zu lösen,
wissend, dass es wieder daneben geht,
dass ich diese Übung wieder einige Male
wiederholen musste,
…
als sich plötzlich ein
für mich unerklärliches Wunder
in meinem Kopf abspielte:
Ich glaubte mir!**

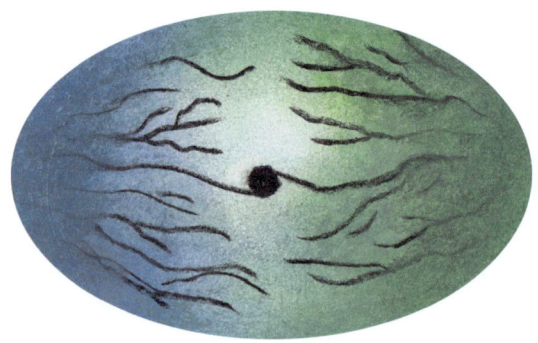

…und **plötzlich** glaubte ich mir!

„plötzlich" – ja wirklich, es geschah plötzlich!
Und diese unerwartete „Schaltung" in meinem
Kopf hat mir den größtmöglichen Motivations-
schub gegeben. Ich spürte: alles, was ich bislang an
Übungen unternommen habe, alle Erfolge und
Misserfolge, alles hatte einen Sinn.
Da haben sich zwei Stränge in meinem Kopf
endlich verbunden, die längst hätten verbunden
sein sollen. Ich sage das ganz laienhaft, auch wenn
ich aus mancher Literatur weiß, dass da durchaus
auch wissenschaftliche Erkenntnisse hinter ste-
cken. Zwänge lassen sich ver-lernen, und getrennte
Gehirnstränge lassen sich „zusammentrainieren".
Ich habe es erfahren. Es stimmt!
Ich möchte sogar so weit gehen, zu sagen, dass ich
es fast physisch gespürt habe.
Es hat „klick" gemacht in meinem Kopf, wenn
auch nicht hörbar.

Jetzt wusste ich, warum die Schalter des Herdes
für mich keine Gefahr mehr bedeuteten.
Jetzt wusste ich, warum ich meine Badezimmertür
beruhigt schließen konnte, wenn ich das Licht
ausgemacht hatte.
Jetzt wusste ich, warum ich keine Kerze mehr mit
ans Bett nehmen musste, sondern den schwarzen
kalten Docht als „aus" bezeichnen konnte.
Es hatte „klick" gemacht. Die Verbindungen in
meinem Gehirn haben endlich zueinander gefunden.
Und sie halten an.

Ich weiß auch nach Monaten noch, dass das, was ich mit meinen Augen als wahr erkenne, auch wahr ist…

Allerdings – und jetzt kommt der Wermutstropfen: Ohne Üben geht es noch nicht.
Sobald sich mein Zwang eine neue Nische gesucht hat und sich fast unmerklich darin eingeschlichen hat, muss ich ihn mit Üben bezwingen. Aber ich KANN ihn bezwingen. Die Übungsphasen werden kürzer. Er resigniert schneller.
Er *resigniert*! Klingt das nicht schön?
Das heißt: ich habe es geschafft, letztlich stärker zu sein.
Das ist ein unglaublich großer Erfolg!
Es ist so schön zu wissen, dass man hier selber sein eigenes Medikament sein kann. Man muss „nur" üben.
„Nur", ich weiß… es ist schwer, sehr schwer…
Aber es lohnt sich!!!

Ich hoffe, ich habe Dir ein wenig Mut gemacht.
Es würde mich freuen.
Wenn Du mir deine Erfolge erzählen möchtest oder weitere Fragen hast, Du findest mich im Forum der DGZ (www.zwaenge.de) als eine unter vielen Betroffenen unter dem Nickname. „Idschi"

Ich möchte am Ende drei Vorschläge machen:

1. Such Dir einen Menschen, dem Du vertraust, bei dem Du das Gefühl hast, aufgehoben und geborgen zu sein.
Vielleicht ist es besser, wenn es nicht der Ehepartner, Freund oder die Eltern sind.
Dieses „Suchen" ist nicht leicht – ich weiß – aber vielleicht gibt es längst jemanden in Deinem Leben, den Du nur noch nicht angesprochen hast…

2. Nimm Dir *eine* Sache ganz konkret vor und fang ganz klein an.
Übe und lass kontrollieren – regelmäßig.

3. Gib nicht auf, auch wenn es Monate, vielleicht Jahre dauert, auch wenn es immer wieder Misserfolge gibt!
Es kommt der Moment, in dem du sagen kannst:

… und plötzlich glaubte ich mir!

Ich wünsche es Dir!

Franzioka

Das Leben ist kein „Highway", menschliche Gefühle und Gedanken gehen nicht immer gerade aus. Manchmal braucht man den Schutz einer Seitenstraße…

Das Leben ist kein Highway

Schnurgerade Straßen, kilometerlang,
immer geradeaus
können eine Zeit lang sinnvoll sein,
können helfen, Sicherheit zu gewinnen,
Sicherheit in die eigenen Fähigkeiten,
Sicherheit in den Fragen der Zukunft,
weil sie keine Nebenstrecken, keine Sackgassen
und keine Einbahnstraßen kennen.
Schnurgerade Straßen bieten
notwendige Routine im Alltag.

Aber irgendwann kommt der Moment,
wo die Sicht zu eng wird,
wo die selbst gesetzten Leitplanken
rechts und links zu hoch werden
und den Blick auf das Leben versperren,
wo man im heißen Asphalt der Straße
nur noch seine eigenen
engen Gedanken spiegeln sieht.
Und der Asphalt wird ermüdend und schwer,
der Highway wird zur Fahrt in die Einsamkeit
und die Leitplanken zu scheinbar
unüberwindbaren Hindernissen.

Dann braucht man einen Helfer, einen Menschen,
der den eigenen Horizont erweitert,
der die Leitplanken niedriger setzt

und dem Highway ein paar Nebenstrecken bietet,
neue Straßen und Rastplätze,
ohne die Richtung zu verlieren.

Diese Menschen lassen sich finden,
wenn man offenen Auges
auf seiner Lebensstraße fährt.
Hin und wieder kommen sie von selber auf uns zu.
Manchmal braucht man ein bisschen Mut,
sie anzusprechen.
Sie sind mit uns auf der Straße,
haben dasselbe Ziel,
sind vielleicht nur ein bisschen
lebensmutiger als wir,
haben vielleicht nur ein bisschen mehr
Vertrauen und Zuversicht im Tank
und können uns zur richtigen Zeit
am richtigen Ort den richtigen Anstoß geben...

... und unser Highway bricht auf,
die Sicht wird frei.
Wir bekommen neuen Boden unter den Füßen.
Wir können gemeinsam mit den vielen,
die uns wichtig sind
und die auf unsere Straße gehören,
die neuen Wege begehen, die uns geboten werden
im Vertrauen auf unsere eigenen Möglichkeiten,
im Vertrauen auf die neuen Begegnungen,
im Vertrauen auf Gott.

Denn das Leben ist zu bunt,
zu vielfältig, zu wichtig,
manchmal auch zu schwierig
für einen Highway.

Anhang

Mögliche Vorlange für deine speziellen Übungen

Hauptsymptom:		
Fernziel: **Übungsziel:**		
TAG	**Bewertung**	**Bemerkungen**
MO		
DI		
MI		
DO		
FR		
SA		
SO		

… Das war der Anfang.

Die erfolgreiche Bearbeitung der Kontrollzwänge
hat mich ermutigt, weiter zu machen.
Inzwischen habe ich glücklicherweise auch
meine religiösen Zwänge nahezu komplett besiegt.
Was noch bleibt, sind für mich:
Zwangsgedanken und spezielle Waschzwänge.
Auch diese Zwänge merkt kaum jemand.
Ich kann meinen Alltag nach außen hin
ganz normal leben
– Gott sei Dank!
Aber mit dem erfahrenen Vertrauen werde ich
auch diese Zwänge zuversichtlich angehen.

Ich bin noch lange nicht am Ziel,
aber der Weg lohnt sich,
und er macht fast ein bisschen Spaß!